GÉNÉALOGIE

DE LA FAMILLE

ARMYNOT DU CHATELET,

Extraite du tome premier des *Archives généalogiques et historiques de la Noblesse de France*,

Par M. LAINÉ.

PARIS,

IMPRIMERIE DE BÉTHUNE, RUE PALATINE, N.º 5.

1828.

ARMYNOT DU CHATELET,

Seigneurs DE LA MOTTE DE VEUXAULLES, DE BEAURE-
GARD, DE BONCHEMIN, DE SANTENOGE, DE MONTRI-
CHARD, DE MAISON-ROUGE, DE FÉE-LE-CHATELET,
DE RIEL-DESSUS, DE BLANCHEVAUX, DE PRÉFONTAINE,
DE LATRECEY, DE BAYEL-SUR-AUBE, DES FORGES, DE
VOUGREY, DE GUSSANGY, etc., *en Bourgogne* et *en
Champagne.*

ARMES : *D'argent, à trois mouchetures d'hermine de sable* (1).
L'écu timbré d'un casque orné de ses lambrequins d'argent et de sable. Supports : deux hermines au naturel, ayant
chacune un collier de gueules, d'où sort un manteau
d'hermine. Cimier : une hermine issante de même : De-
vise : ARMIS NOTUS.

La famille ARMYNOT est d'ancinne noblesse militaire, et tire son origine du duché de Bretagne (2).

---

(1) C'est ainsi qu'elles étaient sculptées à la clef de la voûte de la
chapelle Sainte-Anne de l'église paroissiale de Montigny-sur-Aube,
sépulture de cette famille. La seconde branche actuelle du Châtelet
ajoute pour brisure un lambel de gueules, ainsi que le figure l'écus-
son gravé.
(2) Le nom de cette famille se trouve orthographié *Arminot* dans
un assez grand nombre d'anciens titres. Une tradition la fait sortir

1

Elle paraît s'être établie vers l'an 1486, dans la mouvance de la Ferté-sur-Aube, après que le comté de Vertus eut passé du domaine de la maison d'Orléans dans celui des ducs de Bretagne. A partir de cette époque jusqu'à nos jours, c'est-à-dire, depuis près de trois siècles et demi, tous les membres de cette famille se sont constamment voués au service de nos rois, soit aux bans et arrière-bans de la noblesse des provinces de Bourgogne et de Champagne, soit dans les compagnies d'ordonnances ou dans les gardes-du-corps, soit enfin dans divers grades depuis le temps de la formation des régiments. Les titres qu'elle a produits, à diverses époques, pardevant les intendants des deux provinces où ses possessions étaient situées, établissent sa filiation depuis Louis Armynot, qui suit (1).

I. Louis ARMYNOT, écuyer, né vers l'an 1440, échanson d'Anne, duchesse de Bretagne, depuis femme des

---

des *Armyne*, en Angleterre, dont la terminaison *ot* serait le diminutif. Quoi qu'il en soit, il existait au milieu du quatorzième siècle une famille noble d'*Ermine* ou *l'Ermine* au duché de Bretagne, berceau certain de la famille qui fait l'objet de cette généalogie. Les seuls sujets de ce nom dont l'histoire ait transmis le souvenir, sont : Guillaume *Ermine*, écuyer dans les compagnies d'Olivier et d'Eustache de Mauny, chevaliers, suivant des revues des 1er mai, 1er juin et 1er août 1371, passées à Pontorson et à Caen ; Roland *l'Ermine*, qui servait, en la même année, sous le connétable du Guesclin ; Thomas *l'Ermine*, qui ratifia le traité de Guérande le 25 avril 1381 ; Guillaume *l'Ermine*, qui prêta serment au duc de Bretagne en 1437, et Raoulet, nommé depuis Raoul *l'Ermine*, qui accompagna le duc de Bretagne en France en 1418, et vivait encore en 1457. (*Mém. pour serv. de Preuv. à l'Hist. de Bret.* par D. Morice, tt. I et II.) A partir de cette dernière époque (1457), on ne trouve plus aucune trace de cette famille Ermine ou l'Ermine, en Bretagne, et l'on doit remarquer que, peu de temps après, c'est-à-dire vers 1486, la famille Armynot se transplanta en Champagne. On peut donc raisonnablement conjecturer que ces deux familles sont la même, d'autant mieux que la terminaison *ot*, usitée comme diminutif plus particulièrement en Champagne et en Bourgogne que dans les autres provinces du royaume, a pu être donnée aux *Arminot*, à raison même de leurs armoiries : car, dans les anciens armoriaux, l'hermine est très-souvent appelée *Erminois* et quelquefois aussi *Arminois*.

(1) La généalogie que nous donnons ici est extraite du t. V. de l'*Histoire des Pairs de France, des Grands Dignitaires de la Couronne, et des anciennes familles nobles du Royaume*, par M. le chevalier de Courcelles, généalogiste honoraire du Roi.

rois Charles VIII et Louis XII, s'attacha à François de
Bretagne, baron d'Avaugour, frère naturel de cette
princesse, auquel le duc François II donna le comté
de Vertus, en Champagne, en 1485. Il avait épousé
Agathe DE KERMENO, d'une ancienne maison de Bretagne. Des mémoires de famille fort anciens portent
qu'il périt à la bataille de Fornoue en 1495. Il eut entre autres enfants, Jean, qui suit.

*DE KERMENO :
de gueules, à 3
mâcles d'or.*

II. Jean ARMYNOT, Ier du nom, écuyer, seigneur
de la Motte de Veuxaulles, et de Niot, né en 1476, fit
toutes les guerres d'Italie sous Charles VIII, Louis XII
et François Ier, et assista au ban de la noblesse de
Champagne en 1511. Par acte du 15 novembre 1539,
passé devant Jean Lallier, notaire et tabellion juré à
Veuxaulles, sous l'autorité de Claude de Martigny,
écuyer, seigneur de Montigny-sur-Vingeanne et de la
Villeneuve en partie, conseiller du cardinal de Givry,
évêque-duc de Langres, pair de France, et son bailli
deçà la rivière d'Aube, noble seigneur messire Jean
d'Amoncourt, chevalier, seigneur de Montigny, vou-
lant reconnaître les bons et agréables services que Jean
Armynot, écuyer, sieur de la Motte de Veuxaulles, et
défunt Louis Armynot, son père, jadis échanson
d'Anne, duchesse de Bretagne, lui avaient rendus,
accorda à ce même Jean la permission de faire ériger
une chapelle dans l'église de Montigny, sous l'invoca-
tion de Sainte-Anne, pour servir de sépulture à lui,
à feu Antoinette RÉMOND, sa femme, et à leurs hoirs
et successeurs à perpétuité, avec faculté, à eux seuls
exclusivement réservée, d'y faire sculpter leurs armoiries. Jean Armynot mourut en 1543, âgé de 58 ans.
Antoinette Rémond, sa femme, était issue de la noble
famille de ce nom, en Bourgogne, dont descendent les
marquis de Montmort, et comtes du Daugnon de nos
jours. Elle le rendit père de :

*RÉMOND :
de gueules, à 3
roses d'argent.*

1º. Claude Armynot, Ier du nom, qui suit;
2º. Claudine Armynot, mariée, vers 1555, avec Thibaut *de la
Baume*, écuyer, seigneur de Chaumerceune, au comté de
Bourgogne, issu d'une très-ancienne maison de Franche-

Comté, connue sous le nom de la Baume-Mont-Saint-Léger. Il était probablement frère de Claude de la Baume, seigneur de Chanmercenne, dont Jeanne de la Rochette d'Épinant était veuve en 1586. Thibaut de la Baume eut de Claudine Armynot :

A. Antoine de la Baume, *religieux au monastère de Saint-Benigne de Dijon* ;

B. Claude de la Baume, écuyer, époux de Philiberte *de Dampierre*, et père de :

> a. Aimée de la Baume,
> b. Françoise de la Baume, } *mortes sans alliance* ;

C. Jean de la Baume, *dit le Capitaine*, tué en duel par le seigneur de Foissy-Chamesson. Il n'avait pas été marié ;

D. Marguerite de la Baume, femme de Nicolas II *de la Rue*, écuyer, seigneur d'Ormoy, fils de Nicolas I de la Rue, écuyer, seigneur d'Ormoy, et de Huguette de Chastenay. Ils eurent deux filles :

> a. Eléonore de la Rue, femme de Gaspard *d'Ailly*, chevalier, seigneur d'Audencourt, en Picardie, colonel d'un régiment de son nom, père d'une fille : Nicole d'Ailly, mariée avec N.... *de Condé*, baron de Donon ;
>
> b. Louise de la Rue, mariée, 1° avec Arthus *de Mertrus*, seigneur de Franchecourt ; 2° avec Charles *de Monchy*, de la maison d'Hocquincourt ;

E. Jeanne de la Baume,
F. Claude de la Baume, } *mortes de la peste* ;

G. Antoinette de la Baume, *épouse de Pernet de la Bergère*, écuyer, seigneur de la Villière, qui en eut une fille, nommée :
> Charlotte de la Bergère, mariée avec Jean *de Baussancourt*, écuyer, seigneur du Petit-Mesnil et de Chaumesnil.

III. Claude ARMYNOT, II° du nom, écuyer, seigneur de la Motte de Veuxaulles, de Beauregard, de Fée-le-Châtelet, de Santenoge, de Bouchemin, *alias*, de la Corne de Chevroley, de Montrichard et de Préfontaine, né en 1510, servit, presque toute sa vie, dans diverses compagnies d'ordonnance, se trouva à la défense de Metz, avec la noblesse de Champagne, en 1552, sous François, duc de Guise, et fut nommé bailli d'épée de Langres le 30 octobre 1578. Cette charge était vacante par la mort de Charles de Verduzan, seigneur de Saint-Cricq en Lomagne, chevalier de l'ordre du Roi. Dès le 4 février 1545, Claude Armynot, écuyer, avait été mis en jouissance du droit de préciput dans

la succession de Jean Armynot, son père, conformé-
ment aux dispositions de l'article 8 de la coutume de
Chaumont en Bassigny. Il fit diverses acquisitions les
13 mai 1546, 8 mai 1558, 2 mars 1559 et 20 avril
1561, et partagea, par acte passé devant Delestre et
Bidey, notaires à Montigny-sur-Aube, le 25 mars 1564,
les biens-fonds provenant des successions de Jean Armynot, écuyer, et d'Antoinette Rémond, ses père et
mère, avec Thibaut de la Baume, écuyer, agissant au
nom de Claudine Armynot, son épouse. Claude Armynot fit des acquisitions de biens-fonds les 2 mai 1570,
et 17 mai 1573, et rendit foi et hommage au comte de
Châteauvillain, à raison de son fief noble de Montrichard. Ayant négligé de rendre hommage à Guillaume
de Hautemer, comte de Grancey, pour sa terre de Santenoge, cette terre avait été saisie à la requête de ce
comte : mais Claude Armynot obtint main-levée de cette
saisie le 9 décembre 1570. Il fit un nouveau partage de
biens provenant des successions de ses père et mère,
avec Claude de la Baume, son neveu, et les frères et
sœurs de ce dernier, le 7 septembre 1580; rendit foi
et hommage au comte de Châteauvillain les 1er décembre de cette année et 23 octobre 1581; paraît dans des
actes des 31 décembre 1582, et 30 juin et 19 septembre 1584; mourut au mois de juillet 1586, à l'âge de
76 ans, et fut inhumé dans l'église paroissiale de Montigny, en la chapelle fondée par son père. Il avait épousé,
en 1535, Antoinette Morant, dame Courcelles, dans
la vallée de Blaise, issue d'une branche de la maison
du Mesnil-Garnier, en Normandie, établie à Doule-
vant, en Champagne. Cette dame est nommée dans le
contrat d'une acquisition qu'elle fit avec son mari le
12 mai 1570. Elle lui survécut jusqu'en 1590, et fut
ensevelie à côté de lui, dans la chapelle des Armynot.
Leurs enfants furent :

Morant :
d'azur, à 3 cor-
morans d'argent.

1°. Jean, IIe du nom, dont l'article viendra;
2°. Michel Armynot, auteur de la branche des *seigneurs de*
     Préfontaine, rapportée en son rang;
3°. Thibaut Armynot, écuyer, seigneur de Santenoge et de
     Beauregard en partie, qui fut archer en la garde écossaise du

Roi, et succéda à son père dans la charge de bailli d'épée de
Langres. Le 22 mars 1588, il rendit foi et hommage au comte
de Châteauvillain, au nom et comme curateur des enfants
mineurs de Michel Armynot, son frère, écuyer, seigneur de
Fée-le-Châtelet. Thibaut Armynot se noya à la rupture du
pont de Neuilly, accident qui faillit couter la vie au roi
Henri IV. Il avait eu pour femme Anne *Mallion*, d'une ancienne famille noble de magistrature et de la chambre des
comptes de Dijon, et jurée plusieurs fois à Malte. Elle le
rendit père de : .

 A. Jean Armynot, écuyer, seigneur de Beauregard, en faveur duquel René d'Amoncourt, seigneur de Montigny-
  sur-Aube, souscrivit un acte le 13 mai 1630, relatif à la
  chapelle des Armynot. Le 29 septembre 1640, Jean Armynot obtint une sentence, rendue en l'élection de Langres, contre les habitants de la commune de Gevrolles. Il
  s'allia avec Marguerite *Bouvot*, fille de Claude Bouvot,
  écuyer, seigneur de Rosoy, de laquelle il n'eut pas d'enfants. Ces deux époux firent une fondation, les 16 février
  et 2 novembre 1660, dans la chapelle Sainte-Anne de
  Montigny-sur-Aube, sépulture des Armynot, où ils
  furent ensevelis ;

 B. Benigne Armynot, écuyer, seigneur de Santenoge,
  marié avec Prudente *Fichot*, fille de Robert Fichot,
  écuyer, seigneur de Maisey, et de demoiselle Anne de
  Gand. Leurs enfants furent :

  a. Edmonde Armynot, dame de Beauregard en partie,
   mariée, par contrat du 21 août 1652, avec Nicolas
   d'Avrillot, écuyer, seigneur d'Essey, et par elle de
   Beauregard, lieutenant de cavalerie au régiment de
   Choiseul, fille de Jacques d'Avrillot, écuyer, seigneur d'Essey et de Chaffault, et de Catherine de
   Pointes ;

  b. Jeanne Armynot, femme de Mathieu *du Louvet*,
   seigneur d'Artigny, lieutenant au régiment du maréchal de Grancey ;

4°. Anne Armynot, femme de Claude de *Gissey*. Ils vivaient le
 24 août 1586.

IV. Jean ARMYNOT, IIe du nom, écuyer, seigneur
de Montrichard et de Bonchemin, naquit en 1544. Il
suivit toute sa vie le parti des armes, et devint capitaine
(gouverneur) pour le Roi de la ville de Montsaugeon,
place alors importante à cause de son voisinage avec
la Franche-Comté et la Lorraine. Il fut assassiné dans
l'exercice de cette charge le 28 juin 1570, non sans
quelques soupçons que le coup n'eût été dirigé par la
faction des Guises. Il avait épousé, par contrat du 27
mai 1571, passé devant Mamès Baraige, notaire à Belan, Claude THOMELIN, fille de Didier Thomelin, con-

THOMELIN :
coupé d'or et de
gueules, à l'épée
en pal de l'un à
l'autre.

seiller du Roi, et son receveur-général en Bourgogne.
A ce contrat furent présents Thibaut de la Baume,
écuyer, Didier Morant, maïeur pour le Roi à Bar-sur-
Seine, Jean Haulmonté de Cour-l'Évêque, Antoine
Thomelin, nobles et puissants seigneurs Jean d'Amoncourt, chevalier, seigneur de Montigny, Jean de Lan-
tage, chevalier, seigneur de Belan, Arvier de Cléron,
seigneur de Saffres, Etienne Rémond, docteur ès droits,
avocat pour le Roi à Châtillon-sur-Seine, Jean de Silly,
écuyer, co-seigneur de Brion et Jean Odinot, prieur
de Louesme, tous parents et amis des époux contrac-
tants. Après la mort de Jean Armynot, Claude Thomelin se remaria, avant le 14 décembre 1599, avec
Nicolas du Bouchet, seigneur de Riel-Dessus, et en eut
postérité, qui s'éteignit dans celle de son premier mari,
comme on le verra ci-après. Jean Armynot en avait eu
un fils unique, nommé Jean III, qui suit.

V. Jean ARMYNOT, IIIᵉ du nom, écuyer, seigneur de
Montrichard, de Beauregard et de Bonchemin, né le
25 mars 1566, eut, dans sa jeunesse, une affaire d'honneur avec un capitaine italien, nommé *Horatio*, qui
tenait le parti de la ligue, et il le tua en duel. La maison et les propriétés de Jean Armynot, situées à Montigny-sur-Aube, furent à cette occasion détruites et
saccagées, et les titres de famille brûlés et dispersés.
Un certificat du duc de Guise, du 26 août 1587, porte
qu'il servait alors comme archer, avec son oncle Michel Armynot, dans les armées du Roi, en la compagnie du comte de Chaligny, et conséquemment l'oncle
et le neveu furent exemptés du ban et arrière-ban, auquel ils avaient été appelés. Jean III rendit hommage
au comte de Châteauvillain pour le fief de Bonchemin
le 22 mars 1588; et, le 4 mai 1594, il obtint une sentence au bailliage de la Ferté-sur-Aube, contre Élisabeth le Grand, veuve de Michel Armynot, écuyer, son
tuteur. Il mourut en 1597, des suites des blessures
qu'il avait reçues dans les guerres civiles du Lyonnais,
où il commandait une compagnie de gens de pied pour
le service du Roi. Il avait épousé, par contrat du 2i

juin 1587, passé devant Aubry, notaire à Autricourt,
en présence de Claude Thomelin, sa mère, de Michel
Armynot, son oncle, de Louis d'Auvergne, écuyer,
de Nicolas Thomelin, etc., etc., Edmonde BLAISOT,
fille de Nicolas Blaisot, et d'Edmée de Neufvy. Elle se
remaria en secondes noces, avant le 6 février 1598,
avec Louis d'Auvergne, écuyer, seigneur du Chesne,
capitaine d'une compagnie de gens de pied français pour
le service du Roi, puis en troisièmes noces avec Gaucher
Andrieu, écuyer, dont elle eut Anne Andrieu, accor-
dée avec le seigneur de Varennes, maître-d'hôtel du
Roi et grand-bailli de Mâcon. Elle avait rendu son premier mari père d'un fils et d'une fille :

BLAISOT : d'azur, à l'anneau chatonné d'or.

1°. François Ier du nom, dont l'article suit;
2°. Renée Armynot, femme de Didier *Scordel*, gentilhomme
de la vénerie du Roi.

VI. François ARMYNOT, Ier du nom, écuyer, seigneur de Montrichard, de Beauregard et de Bonchemin, naquit le 23 septembre 1593. Il fut homme
d'armes de la compagnie d'ordonnance sous la charge
du marquis d'Andelot, suivant un certificat du 13 février 1616. Par lettres du 17 avril 1621, l'évêque-duc
de Langres, pair de France, lui accorda le droit de
coupe de bois en la forêt de la Contance. Il fut admis
dans la chambre de la noblesse des états de la province
de Bourgogne, tenus à Dijon en 1653 (1), et testa en
faveur de ses petits-enfants le 23 avril 1658. Il avait
épousé, par contrat passé devant Finet, notaire à la
Chaume, le 29 décembre 1613, Élisabeth SCORDEL,
sœur de Didier Scordel, de laquelle il laissa deux fils :

SCORDEL : de sinople, au cor de chasse d'argent.

1°. Jean-Baptiste, dont l'article suit;
2°. Edme Armynot, écuyer, seigneur de Montrichard, sur-
nommé *le Boiteux*, parce que, s'étant trouvé au siège de la
Motte en Lorraine, en 1645, et servant alors en qualité d'en-
seigne au régiment de Francières, il y eut la cuisse emportée

(1) *Voyez* le catalogue des gentilshommes qui ont assisté à ces
états, in-fol., p. 58. Ce fait est aussi constaté par un certificat de
M. Rousselot, secrétaire en chef des états de Bourgogne, daté du
30 mars 1780.

d'un boulet de canon. Il ne cessa pas de servir depuis et jusqu'à l'âge le plus avancé. Il avait épousé Simone *de Billard
de Beaufort*, fille d'Etienne de Billard, écuyer, seigneur du
Chesne, capitaine d'une compagnie de gens de pied, et de
damoiselle Simonne de Beaufort, de la maison des seigneurs
de Launay, en Champagne. Il en eut :

  Louis-Étienne Armynot, écuyer, seigneur de Montrichard,
  mort sans postérité.

VII. Jean-Baptiste ARMYNOT, écuyer, seigneur de
Montrichard et de Bonchemin, né le 17 septembre
1621, commença d'abord à servir en qualité de cadet
dans un régiment d'infanterie, et fut ensuite cornette
du régiment du comte de Lignon, lieutenant dans celui
de la Guillotière, cavalerie, puis garde du cardinal
Mazarin, en 1656, suivant un certificat de M. de Bes-
maux, capitaine de ces gardes, du 1er novembre de
cette année, et enfin garde-du-corps du Roi dans la
compagnie écossaise. Il mourut à Paris, dans l'exercice
de ce grade, le 5 août 1664, et fut enterré au char-
nier des Innocents. Il s'était marié, par contrat du 14
août 1652, passé devant Noël Amiot et Blaise Morel,
notaires à Montigny et à Veuxaulles, en présence et
du consentement d'Auguste Armynot, écuyer, seigneur
de Préfontaine, de noble Jean Bonnet, capitaine du
château de Montigny, de Claude du Bouchet, écuyer,
seigneur de Riel-Dessus, frère de la future épouse, et
d'Alexandre Laprée, écuyer, seigneur du Buisson, et
par dispenses de parenté, datées du 10 juillet 1653,
avec damoiselle Susanne DU BOUCHET, sa cousine, fille
de Joachim du Bouchet, écuyer, seigneur de Riel-Dessus, et d'Anne de Neufvy. Susanne du Bouchet paraît
dans des actes des 6 février, 10 et 22 mai et 27 octobre 1666, et elle vivait encore le 1er mars 1687. Ses
enfants furent :

ni Bouchet : écartelé, aux 1 et 4 d'azur, semés de croisettes re-croisetées et fi-chées d'or, à la bande du même, brochante sur le tout, qui est *de Rupt*; aux 2 et 3 d'argent, à la fasce de sable, accompagnée en chef de 3 merlet-tes, et en pointe d'un lion léopar-dé, le tout du même, qui est *de Neufoy*; sur le tout tiercé en fasce, au pre-mier d'argent, à 3 lionceaux de gueules; au deu-xième d'azur, au croissant d'ar-gent, surmonté d'une étoile du même; au 3 de sable, fretté d'or, qui est *du Bou-chet.*

  1°. François IIe du nom, dont l'article suit ;
  2°. Anne Armynot, héritière en partie de François Armynot,
  seigneur de Beauregard et de Bonchemin, son aïeul, le 23
  avril 1658. Elle épousa Jean *le Maire*, écuyer, seigneur de la
  Tour et du Fays.

VIII. François ARMYNOT, IIe du nom, écuyer, succéda à son père dans les seigneuries de Montrichard et

de Bonchemin, et fut seigneur en partie de Fée-le-Châtelet. Michel Armynot, son curateur, obtint du duc de Vitry, le 4 décembre 1664, un délai pour rendre foi et hommage en leur nom à cause des terres de Fée-le-Châtelet et de Bonchemin, mouvantes du comté de Châteauvillain. Le 23 janvier 1675, François Armynot fut convoqué au ban et arrière-ban de la noblesse qui devait se rassembler à Chaumont le 11 février suivant. Le 24 mars de la même année, il transigea avec Edme Armynot, écuyer, seigneur en partie de Montrichard, son oncle, et acquit une partie du fief de Fée-le-Châtelet le 13 mars 1699. Il servit pendant plusieurs années en qualité de lieutenant au régiment de Roncherolles, cavalerie. Ayant été deux fois inquiété dans sa noblesse par les habitants de la paroisse de Boudreville, où il demeurait, et par le fermier du droit de francs-fiefs, il y fut maintenu par sentence de l'élection de Langres, du 23 décembre 1705, et par ordonnance de M. Lescalopier, intendant de Champagne, du 1ᵉʳ novembre 1718. Il mourut au mois de février 1730. Il avait épousé, 1° par contrat du 25 février 1680, passé devant Guérapin, notaire à Veuxaulles, en présence de Susanne du Bouchet, sa mère, d'Edme Armynot, écuyer, son oncle, d'Auguste Armynot, écuyer, seigneur de Préfontaine, de Nicolas Lambert, écuyer, capitaine au régiment de Roncherolles, de Louis du Boutet, seigneur de Sancy, de Joseph de Cordon, écuyer, seigneur de la Tour de Veuxaulles, de Pierre Millot, chevau-léger du duc d'Enghien, d'Anne Armynot, de Nicolas d'Avrillot, écuyer, seigneur de Santenoge et de Beauregard en partie, de messire Georges Martin de Choisey, chevalier, seigneur de Barjon, etc., etc., Marguerite DE CHARLOIS, morte avant le 23 août 1695, fille de Claude de Charlois, écuyer, capitaine de cavalerie au régiment de Choiseul, et de dame Marguerite d'Avrillot (1); 2°. Jeanne LE REUIL. Ses enfants furent ;

DE CHARLOIS : écartelé aux 1 et 4 d'Avrillot ; aux 2 et 3 de sable, semés de croisettes recroisetées et fichées d'or, au lion couronné du même, lampassé et armé de gueules, qui est de Scey - Montbelliard ; sur le tout d'azur, au chevron d'or ; au chef de sinople, qui est de Charlois.

LE REUIL :

---

(1) Cette famille d'Avrillot, originairement militaire et du Bassigny, remonte par titres filiatifs jusqu'au règne de Philippe de

Du premier lit :

1°. Nicolas, dont l'article viendra ;

2°. Charles Armynot, écuyer, seigneur de Maison-Rouge, près Bar-sur-Seine, qui fut capitaine dans un régiment d'infanterie. Il s'allia, par contrat du 12 août 1720, avec damoiselle Catherine *des Chiens*, fille de messire Louis des Chiens, chevalier, seigneur de Maison-Rouge, et de dame Marie-Madelaine de Curel. De ce mariage vinrent :

    A. Claude Armynot, seigneur de Maison-Rouge, époux de Marguerite *de Mongeot*, et père de trois fils ;

        a. Louis Armynot, officier d'infanterie, marié avec Charlotte *de la Croix*, et décédé sans postérité ;

        b. Joseph-Ambroise Armynot, établi à Langres et sans enfants ;

        c. Claude Armynot, *dit* le chevalier de Maison-Rouge, qui a épousé, à Arc-en-Barrois, en 1790, Marie-Madelaine-Sophie *de Champagné de la Pommeraye*, fille de Charles-Nicolas-Quentin, comte de Champagné, d'une ancienne maison de chevalerie de Bretagne, et de dame Marie-Madelaine Gilles de Pavant ;

    B. Catherine Armynot, morte sans alliance ;

3°. Joseph Armynot, écuyer, sieur de Bonchemin, qui se maria à Saint-Martin de Rée, au pays d'Aunis, suivant le consentement que son père lui donna à ce sujet le 18 septembre 1718. Il mourut sans postérité ;

4°. Marguerite Armynot, morte sans alliance ;

Du second lit :

5°. François Armynot,
6°. Joseph Armynot,
7°. Claire Armynot,
8°. Jeanne Armynot,
9°. Marguerite Armynot,
10°. Madelaine Armynot,
   } tous décédés sans postérité.

IX. Nicolas ARMYNOT DU CHATELET, Ier du nom, chevalier, seigneur de Fée-le-Châtelet et de Bonchemin,

Valois. Elle s'est divisée en trois branches : une s'est établie à Paris, et une autre en Lorraine : la troisième, qui est la cadette, est restée en Champagne, et a toujours continué la profession des armes. De la branche de Paris est sortie la bienheureuse Marie de l'Incarnation (Barbe Avrillot, connue sous le nom de madame Acarie, et décédée en 1618), fondatrice des Carmélites en France, béatifiée par Pie VI en 1791. La branche de Champagne a contracté la plupart de ses alliances dans des maisons de chevalerie, telles que celles de Beaujeu-sur-Saône, de Scey-Montbelliard, de Doncourt, de Pointes, d'Anglure, de Clermont-Gallerande, etc., etc.

Par les Charlois, la famille Armynot du Châtelet se trouve alliée de très-près à la maison de Martin de Choisey, et par celle-ci à M. le duc de Raguse et à MM. de Nogent.

né le 19 octobre 1688, servit dès l'âge le plus tendre
en qualité de cadet, monté et équipé à ses frais, dans
le régiment de Broissia, dragons, avec lequel il fit six
campagnes. Mais, ayant fait de grandes pertes à l'armée, et surtout au siége de Douay, où il était renfermé,
il se vit contraint de quitter le service pour réparer sa
fortune délabrée. Son père lui fit don du fief de Bonchemin le 18 janvier 1724. Il fut institué tuteur de Joseph Armynot et curateur de François Armynot, ses
frères germains, le 12 mai 1730; rendit foi et hom-

DE CHAMPEAUX: *mage au comte de Toulouse le 11 août 1732, et lui*
écartelé, aux 1 fournit le dénombrement de Fée-le-Châtelet le 23 mai
et 4 d'or, à la
bande de sable, 1733. Ayant été recherché sur sa noblesse par le fer-
chargée de 3 be- mier du droit de franc-fiefs, il y fut maintenu sur le
sants du champ,
et accompagnée vu de ses titres, par ordonnance de M. le Pelletier de
de 2 croisettes pa- Beaupré, intendant de Champagne, au mois d'août
tées de gueules,
qui est de Cham- 1736. Nicolas Armynot du Châtelet mourut le 9 juin
peaux; aux 2 et 1747. Il avait épousé, 1° par contrat passé devant Pe-
3 d'azur, à 2
clefs d'or anti- titot, notaire à Dancevoir, le 17 août 1716, Marie-
ques, adossées et Anne DE CHAMPEAUX, morte le 9 juin 1733, fille d'Edme
entretenues, qui
est de Clugny. de Champeaux, écuyer, seigneur de Préfontaine, de
                  Véroilles et de Jussey, et de Marie-Diane de Machat
DE BOUSSARD: de Pompadour-la-Méchaussée; 2° Jeanne DE BOUSSARD,
d'azur, au che-
vron d'argent, de laquelle il n'eut pas d'enfants. Ceux du premier lit
accompagné en furent :
chef de 2 fleurs
tigées d'or, et en
pointe d'un lion
du même.

1°. Joseph-Henri, dont l'article suit ;
2°. Louis-Etienne Armynot du Châtelet, qui servit long-temps
    dans le corps de la gendarmerie. Il laissa d'Anne *Popelard*,
    sa femme :
        A. Claude Armynot du Châtelet, lieutenant de vaisseau
        de la marine royale, chevalier de l'ordre royal et mili-
        taire de Saint-Louis. Il a servi la cause du roi dans l'émi-
        gration, et a eu le crâne ouvert par un biscayen au siège
        de Dunkerque en 1793. Il est marié avec Marie-Claude *de
        Georgemel*, et n'a point d'enfants ;
        B. Deux demoiselles ;
3°. François III° du nom, auteur de la *seconde branche* DU CHA-
    TELET, rapportée ci-après ;
4°. Marguerite Armynot du Châtelet, émancipée avec ses
    frères le 23 mars 1748.

X. Joseph-Henri ARMYNOT DU CHATELET, écuyer,
seigneur de Fée-le-Châtelet et de Bonchemin, naquit

le 31 octobre 1726. Il servit dans la gendarmerie, et y fit avec honneur les campagnes de Flandre sous Louis XV, aux termes d'un certificat délivré, le 1er décembre 1747, par M. de Lesperoux, capitaine-lieutenant des gendarmes de Flandre. Il s'allia, par contrat du 12 août 1748, passé devant Bourcey, notaire à Ancy-le-Franc, avec damoiselle Madelaine DU POTET, fille de Philippe-François du Potet, écuyer, co-seigneur de la Chapelle et de Sennevoy, et de dame Marie-Charlotte des Martins. Le 26 septembre 1753, les habitants de Montigny-sur-Aube adressèrent à Joseph-Henri Armynot du Châtelet une sommation pour qu'il eût à réparer la chapelle de sa famille en l'église paroissiale de ce lieu. Il figure dans des actes des 2 septembre 1756, 8 février 1757, 29 novembre 1766, 17 mai 1778, 1er février 1779 et 27 juin 1787, et il reçut des lettres de convocation, le 28 février 1789, pour assister à l'assemblée de la noblesse du bailliage de Chaumont, afin de procéder à l'élection des députés aux états-généraux du royaume. Il a eu dix enfants :

DU POTET : d'azur, à la bande d'or, accompagnée de 3 pots du même.

1°. Philippe-François Armynot du Châtelet, mort ecclésiastique ;

2°. Jean-Antoine Armynot du Châtelet, lieutenant d'infanterie ;

3°. Louis-Armynot du Châtelet, ancien lieutenant de cavalerie. Il a émigré en 1791, a fait la campagne de 1792, à l'armée des princes, frères de Louis XVI, et celles de 1793, 1794, 1795 et 1796 à l'armée de Condé, dans le corps des chasseurs nobles. Il a été tué au combat sanglant d'Ober-Kamlack, le 13 août de cette dernière année 1796, ayant alors 28 ans de service, et étant à la veille d'être nommé chevalier de l'ordre royal et militaire de Saint-Louis ;

4°. Nicolas-Eugène, dont l'article suit ;

5°. Jean Elie, } dont la postérité sera mentionnée après
6°. Nicolas II, } celle de leur frère aîné ;

7°. Françoise Armynot du Châtelet, épouse de Germain *d'Huissier*, écuyer, des anciens seigneurs d'Agencourt, en Auxois ;

8°. Henriette Armynot du Châtelet ;

9°. Thérèse Armynot du Châtelet ;

10°. Claire Armynot du Châtelet.

XI. Nicolas-Eugène ARMYNOT DU CHATELET, chevalier, seigneur de Riel-Dessus et de Blanchevaux, près Châtillon-sur-Seine, né le 28 avril 1760, actuellement chef des nom et armes de la famille, et chevalier de l'ordre noble de Saint-Hubert de Bar, a assisté aux assemblées de la noblesse des ville et bailliage de Dijon, tenues les 8 février et 28 mars 1789. Il a épousé, par contrat du 22 juillet 1782, passé devant Lereuil, notaire à Courban, damoiselle Marie-Anne DE COLLE-NEL DE CLERVILLE, fille de messire Jacques—Joseph-Melchior de Collenel, chevalier, seigneur de Clerville, ancien officier de cavalerie, gentilhomme du prince Clément de Lorraine, frère de l'empereur François Ier, et de dame Marguerite-Nicole de Gaynot. De ce mariage sont issus :

(en marge : DE COLLENEL : d'or, à 2 chevrons de gueules, crénelés d'azur, accompagnés en chef de 2 roses de gueules boutonnées d'argent, et en pointe d'un croissant d'azur.)

1°. Philippe Armynot du Châtelet, chevalier, né le 5 mai 1784 ;
2°. Claude-Narcisse Armynot du Châtelet, chevalier, né le 8 juillet 1786, propriétaire par indivis de Riel-Dessus, marié à Saint-Méry, en Brie, le 11 octobre 1824, avec damoiselle Angélique-Rosalbe le Féron des Tournelles, fille de messire Charles-Philippe le Féron, chevalier, seigneur des Tournelles, ancien sous-lieutenant des gardes-du-corps de S. A. R. Mgr. le comte d'Artois (aujourd'hui S. M. Charles X), lieutenant-colonel de cavalerie, chevalier de l'ordre royal et militaire de Saint-Louis, et de dame Angélique-Claude Angenoust. Il est décédé le 3 septembre 1825, laissant : Philippe Armynot du Châtelet, né à Troyes le 29 mars 1826.

XI. Jean-Élie ARMYNOT DU CHATELET, ancien garde-du-corps du Roi dans la compagnie de Beauvau, a épousé Marie-Jeanne DE LA LOGE DE LA BARRE, d'une ancienne famille du Bourbonnais établie en Bourgogne, fille de Henri de la Loge, écuyer, sieur de la Barre (1), et d'Anne Sommier. Il n'existe plus de ce mariage qu'un fils nommé :

(en marge : DE LA LOGE : parti, au 1 de gueules, au lion léopardé d'or; au 2 d'azur, à 3 fasces d'or.)

XII. Nicolas-Victor ARMYNOT DU CHATELET, qui a épousé Elisabeth BAILLIT, veuve de Louis-Toussaint de

(en marge : BAILLIT :)

(1) Henri était fils de Jean-Baptiste de la Loge de la Barre, marié avec Marie-Anne de Badier, fille d'Etienne de Badier, chevalier d'honneur au présidial de la Montagne, et de Marie Jouard; et Jean-Baptiste avait pour père Henri de la Loge, sieur de la Barre, époux de Marie du Buisson.

Breuze , écuyer, seigneur de Pré , laquelle est décédée, laissant :

Nicolas-Jules-Paul Armynot.

XI. Nicolas ARMYNOT DU CHATELET, IIe du nom, né le 28 avril 1769, a épousé, au mois de décembre 1797, damoiselle Elisabeth-Monique LE LIEUR, d'une très-ancienne famille noble de Normandie, fille de Nicolas le Lieur, écuyer, seigneur de Chaast, près Troyes, officier de cavalerie, aide-de-camp de M. le duc de Bouteville , et de damoiselle Marie-Anne-Françoise Gobert. Ils ont pour enfants :

LE LIEUR : d'or, à la croix partie denchée d'argent et de gueules, cantonnée de 4 têtes de léopard d'azur, lampassées de gueules.

1°. Nicolas-Alfred Armynot du Châtelet, né le 5 mars 1812 ;
2°. Denise Armynot du Châtelet, née le 20 septembre 1798, mariée en Périgord avec Félix *Faulcon de la Roquette* ;
3°. Julie-Philippine Armynot du Châtelet, née le 19 août 1801.

SECONDE BRANCHE DU CHATELET.

X. François ARMYNOT , IIIe du nom , *dit* le chevalier DU CHATELET, né le 5 mars 1732, troisième fils de Nicolas Armynot du Châtelet, chevalier, et de Marie-Anne de Champeaux, fut seigneur en partie de Fée-le-Châtelet et de Bonchemin. Il servit dans sa jeunesse comme volontaire , armé et équipé à ses dépens, pendant cinq années au régiment de Ségur, infanterie, connu depuis sous le nom de Briqueville : mais , ayant été grièvement blessé à la prise du fort Mahon, en 1756, il fut obligé de quitter le service. Il épousa à Vassy, en Champagne, damoiselle Marie Madelaine VAUCHELET, de laquelle il eut :

VAUCHELET :

1°. François IVe du nom , dont l'article suit;
2°. Louis - François , dont l'article suivra celui de son frère aîné ;
3°. Louise-Barbe-Françoise Armynot du Châtelet, née au mois d'avril 1775.

XI. François ARMYNOT , IVe du nom , chevalier du CHATELET, ancien officier d'infanterie , est né à Méry-

sur-Seine le 27 décembre 1768. Il a émigré en 1791,
pour la cause royale, a servi dans divers corps pendant la guerre de la révolution, entre autres dans le régiment de Loyal-Emigrants, sous les ordres de M. le duc de
la Châtre, avec lequel il a fait la campagne de 1794, et
s'est trouvé à la belle sortie de Menin en avril de la
même année. Il a été blessé grièvement à la jambe
droite le 31 mars 1795, à la défense du pont de Mep-
pen, dans le pays de Munster, servant alors dans le
régiment d'York-Rangers, à la solde anglaise; a joint
l'armée de Condé le 22 novembre de la même année
1795, et a fait partie de la compagnie n° 2 du corps
des chasseurs nobles, qu'il n'a pas quittée jusqu'au dernier licenciement de cette armée, effectué en 1801. Il
a été créé chevalier de l'ordre royal et militaire de
Saint-Louis, par ordonnance du Roi datée du 23 octobre 1814, et a été reçu en cette qualité par Mgr. duc
d'Angoulême le 5 novembre suivant. Au 15 mars 1815,
il s'est présenté dans le corps des gardes de la Porte,
pour la défense du Roi et de la famille royale, et com-
battre l'usurpateur; il a été nommé capitaine d'infanterie par ordonnance du 23 septembre de la même
année, et admis, le 1er décembre suivant, en qualité
de chevalier de justice de l'ordre noble de Saint-Hubert des duchés de Lorraine et de Bar. Il a été nommé,
les 24 mai, 4 juillet et 25 septembre 1816, chevalier
de l'ordre chapitral de l'ancienne noblesse, *dit* de
l'Ange-Gardien ou des quatre Empereurs, du Lion de
Holstein et du Phénix noble de Hohenlohe, et il a obtenu l'autorisation de porter la décoration de ce dernier ordre le 1er août 1817. Il a épousé, à Châteauvillain, le 13 août 1810, demoiselle Marie-Jeanne Gi-
BRAT, décédée à Paris le 7 juin 1820, fille de Jean
Gibrat et de Geneviève-Luce Goualle. Il a eu un seul
fils, nommé :

GIBRAT :

> Ernest-Joachim Armynot du Châtelet, né à Paris le 19 mai
> 1812.

XI. Louis-Francois ARMYNOT DU CHATELET, chevalier, né à Méry-sur-Seine le 16 décembre 1769, a

émigré avec son frère aîné en 1791, a servi dans différents corps royaux, entr'autres dans le régiment Loyal-Émigrants, et a été blessé pendant le siége de Menin, en avril 1794, et estropié à l'affaire d'Hooglehède en juin de la même année. Il s'est retiré temporairement à Stade, en Hanovre, et y a épousé, le 5 mai 1796, demoiselle Anne-Charlotte-Madelaine POLLITZ, fille de Philippe-Otto Pollitz, citoyen de cette ville, et de Marguerite-Adélaïde Mayer. De ce mariage sont issus :

Pollitz : deux crampons passés en sautoir et cantonnés de 4 roses.

1°. Jean-Ludolphe Armynot du Châtelet, né à Stade le 30 mai 1805 ;

2°. François-Louis-Joseph Armynot du Châtelet, né à Rées, près Wesel, le 10 novembre 1809, décédé à Strasbourg au mois de février 1818 ;

3°. Olivier-Louis-Ferdinand Armynot du Châtelet, né à Paris le 23 août 1814, mort à Strasbourg au mois de février 1816 ;

4°. Charles-Jean-Olivier Armynot du Châtelet, né à Strasbourg le 28 mai 1817 ;

5°. Philippe-Louis-Alexandre Armynot du Châtelet, né à Strasbourg le 17 juin 1821 ;

6°. Anne-Marie-Julie-Marguerite Armynot du Châtelet, née à Stade le 26 octobre 1797, décédée au même lieu en juillet 1804 ;

7°. Louise-Joséphine Armynot du Châtelet, née à Stade le 13 juin 1800, mariée à Strasbourg, le 18 octobre 1824, avec Charles-Auguste *Cavenne*, docteur en médecine de la faculté de Montpellier, fils de François-Alexandre Cavenne, inspecteur-divisionnaire des ponts-et-chaussées, chevalier de l'ordre royal de la Légion-d'Honneur, membre de plusieurs sociétés savantes, et de dame Thérèse-Victoire-Adélaïde du Pont ;

8°. Philippine-Madelaine Armynot du Châtelet, née à Stade le 15 juin 1803, morte à Paris au mois de mars 1808 ;

9°. Marie-Honorine-Louise Armynot du Châtelet, née à Paris le 14 novembre 1807 ;

10°. Herminie-Louise-Madelaine Armynot du Châtelet, née à Lubeck le 16 avril 1812.

SEIGNEURS DE PRÉFONTAINE, *éteints*.

IV. Michel ARMYNOT, écuyer, seigneur de Fée-le-Châtelet et de Préfontaine, né le 2 octobre 1548, second fils de Claude Armynot, II° du nom, écuyer, seigneur de la Motte de Veuxaulles et de Beauregard, et d'Antoinette Morant, dame de Courcelles, suivit pendant toute sa vie la profession des armes, et fut capitaine du château de Gurgy. Le 14 décembre 1579,

3

il transigea comme curateur de Jean Armynot, seigneur de Montrichard, son neveu, avec Claude Thomelin, mère et tutrice de celui-ci. Il est qualifié gruyer du duché-pairie de Langres, dans un partage qu'il fit avec Antoinette Morant, sa mère, le 24 août 1586. Il servait en qualité d'archer, sous le comte de Chaligny, le 26 août 1587. Ayant joint dans la même année la noblesse du ban et arrière-ban de la province de Champagne au siége d'Étampes, il y tomba malade des suites des blessures qu'il avait reçues et des fatigues qu'il avait éprouvées pendant ce siége, et vint mourir à Paris le 13 novembre de la même année. Michel Armynot fut enseveli dans l'église Saint-Paul. Il avait épousé, par contrat du 26 novembre 1576, passé devant Riel et Fricandot, notaires à Châtillon-sur-Seine, Élisabeth LE GRAND DE SAINTE-COLOMBE, de la maison des comtes de Saulon-la-Rue, en Bourgogne, fille de Guillaume le Grand, écuyer, seigneur de Sainte-Colombe, de Bréviande, etc., et de damoiselle Guillemette de Saumaise de Chasans. Cette dame obtint, le 8 octobre 1593, un arrêt de la cour des aides de Paris contre les habitants de Montigny-sur-Aube. Leurs enfants furent :

1°. Jean-Baptiste, dont l'article suit ;

2°. Claude Armynot, écuyer, seigneur de Fée-le-Châtelet, de Bonchemin et en partie de Latrecey, de Bayel-sur-Aube, et des Forges-les-Vendœuvre, né le 6 octobre 1583. Il accompagna, en 1625, M. d'Estrées dans la Valteline, servant alors dans la compagnie de chevau-légers du baron de Chalencey. Un certificat du gouverneur de Rocroy, daté du 23 mars 1626, constate que Claude Armynot avait été précédemment lieutenant d'infanterie dans le régiment de Marcheville. Il fut pourvu, par provisions du 1er décembre 1650, de la charge de gentilhomme de Gaston de France, duc d'Orléans, frère du roi Louis XIII. Il s'était allié, par contrat passé le 20 juin 1627, devant Roger, notaire à Bar-sur-Aube (acte portant qu'il était à cette époque homme d'armes des ordonnances du Roi), avec demoiselle Marguerite de Mergey, fille de Claude de Mergey, écuyer, et de Madelaine de Lux de Ventelet. Elle le rendit père d'un fils et de trois filles :

    A. Edme Armynot, écuyer, gendarme au régiment de Francières-Choiseul, mort à 17 ans le 27 décembre 1655 ;

    B. Reine Armynot ;

    C. Madelaine Armynot ;

D. Nicole Armynot, femme de messire Nicolas *Lambert*, capitaine au régiment de Roncherolles, cavalerie, et gentilhomme ordinaire de la maison du Roi ;

3°. Pierre Armynot, écuyer, né le 17 avril 1581. Il fut homme d'armes dans la compagnie d'ordonnance commandée par le marquis d'Andelot, lieutenant-général en Champagne et en Brie, ensuite capitaine du château de Gurgy, et gruyer noble des forêts de l'évêché-duché-pairie de Langres. Il avait épousé, par contrat du 24 juin 1606, passé devant Finet, notaire à la Chaume, et Donnoy, notaire à Montigny-sur-Aube, en présence de Jean de Villiers, écuyer, mari d'Anne de Gand, de haut et puissant seigneur messire René d'Amoncourt, seigneur de Montigny, Jacques et François Fichot, François et Mathelin des Chiens, Jean de Nogent, sieur d'Obtrée, Bonaventure et Etienne Remond, tous écuyers, damoiselle Edmonde *Fichot*, fille de Robert Fichot, écuyer, seigneur de Maisey, procureur du Roi au bailliage de la Montagne, et de damoiselle Anne de Gand, et sœur de Prudente Fichot, femme d'Edme Armynot, seigneur de Santenoge, cousin-germain de Pierre Armynot. Celui-ci mourut à Autun le Vendredi-Saint 1636, et fut inhumé à Viviers-sur-Ouche, où le fut depuis sa femme, qui mourut quatre ans après lui. Ils laissèrent :

A. Jean-Baptiste Armynot, écuyer, marié, par contrat passé devant Claude Pingeon, notaire à Chanceaux, le 9 juillet 1630, avec Marie *Jaquotot*, d'une famille noble du parlement de Dijon, fille de Claude Jaquotot, et de Marguerite de Repas. Il en eut cinq filles :
    a. Marguerite Armynot, femme de Jean *le Reuil* ;
    b. Claire Armynot, qui fut maintenue dans sa noblesse, par ordonnance du vicomte-maïeur et du conseil-municipal de Dijon du 23 juin 1672 ;
    c. Edmonde Armynot, morte sans alliance ;
    d. Jeanne Armynot, mariée, par contrat passé devant Auvray et Parques, notaires au châtelet de Paris, le 16 mars 1672, avec Henri-Louis-François *Périer*, écuyer, seigneur du Treuil, fils de feu Pierre Périer, écuyer, sieur du Chabot, capitaine d'infanterie, et de dame Marie de Rancé ;
    e. Jeanne Armynot, morte sans avoir été mariée ;

B. Michel Armynot, prêtre de la congrégation de l'Oratoire, docteur en théologie et en droit canon, chancelier et procureur-général de l'université de Bretagne et recteur de la Ferté-sur-Aube ;

C. Marguerite Armynot, femme de Pierre *Guichard*, fils de Jean Guichard, écuyer, commissaire des guerres à Troyes ;

4°. Charles Armynot, qui fut pendant long-temps homme d'armes des ordonnances du Roi, ensuite secrétaire du cabinet de Louis XIII, et enfin bailli de Châteauvillain. Il laissa d'Anne *Martin*, sa femme, fille de Prudent Martin, écuyer, seigneur de Grissey :

A. Françoise-Dorothée Armynot, femme de noble Jean *de Bonnet*, écuyer, seigneur à cause d'elle de Fée-le-Châ-

telct. De leur mariage sont descendus MM. le Febvre de
Gurgy et de Mauvilly, M. le maréchal duc de Raguse , et
M. le lieutenant-général comte de Vaubois , ces deux
derniers pairs de France ;

B. Marguerite Armynot, qui épousa 1°. par contrat du 4
février 1657, Simon *de Maréchal*, écuyer, seigneur d'Hor-
tes , décédé en 1659, fils de noble François de Maréchal ,
avocat au parlement, et de damoiselle Agnès de Joisel
de Betoncourt; 2°. Antoine *de Valette*, écuyer, capitaine
au régiment de Brinon. Elle fit son testament le 5 février
1665. Elle fut l'aïeule de Charles-Louis de Maréchal, lieutenant des gardes de l'empereur Charles VII, électeur
de Bavière , qui épousa en Allemagne , au mois de juin
1741, Marie-Élisabeth-Ernestine , comtesse d'Auffz et du
Saint-Empire romain, dame de l'ordre de la Croix-Étoilée,
veuve du comte de Metsch , chevalier de l'ordre de la Toi-
son-d'Or, vice-chancelier de l'empire, et mère de la princesse de Kevenhuller-Metsch.(*Armorial général de France*,
registre III , partie II article DE MARESCHAL.) ;

5°. Charlotte Armynot, femme de noble Antoine *Millot*, lieutenant-général et garde-des-sceaux du bailliage de Langres.

V. Jean-Baptiste ARMYNOT , écuyer, seigneur de
Préfontaine , naquit le 15 février 1579. Il commença à
servir dans différentes compagnies d'hommes d'armes
des ordonnances , notamment, en 1616 et 1617, dans
celle du marquis de Brezé. Le 11 août 1622 , il reçut
des lettres de convocation pour le ban et arrière-ban à
Sens; il était à cette époque chevau-léger de la compagnie de M. de Damas. Il faisait partie, en 1627, de
la compagnie des gens de pied du seigneur de Nogent ,
premier capitaine du régiment de Marcheville. Il servit
sous le maréchal de Vitry, en Provence; fut ensuite
maréchal-des-logis de la compagnie de 30 gentil-
hommes, chevau-légers , de Scipion d'Aquaviva d'A-
ragon, duc d'Atri et comte de Châteauvillain, avec
laquelle il servit à l'armée du duc de Guise , au passage
de Mansfeld , et fut depuis capitaine d'une compagnie
de 100 chevau-légers (1). Jean-Baptiste Armynot mourut à Épinal, le 29 juin 1635 , des suites des blessures

(1) Tous ces faits sont rapportés dans une enquête juridique faite ,
le 19 juillet 1645 , sur sa noblesse : il y est dit que le sieur de Gand ,
cousin de Jean-Baptiste Armynot, était en même temps cornette
de cette compagnie de chevau-légers.

qu'il avait reçues au siége de Porentruy, étant alors pourvu de la charge de maréchal-des-logis de la compagnie d'ordonnances de Henri de Bourbon, prince de Condé. Il avait épousé, par contrat du 2 septembre 1603, damoiselle Claude du Bouchet (1), fille de Nicolas du Bouchet, seigneur de Riel-Dessus, et de Philippotte Mallion, sa deuxième femme. Elle le rendit père de :

du Bouchet : comme à la page 9.

1°. Auguste, dont l'article suit ;
2°. Charles Armynot, prêtre, curé de la Margelle-sous-Léry;
3°. Alexandre Armynot, écuyer, qui, après 12 ans de service dans les armées du Roi, fut tué, en 1650, dans une affaire en Italie, à la tête d'un corps de volontaires qu'il commandait ;
4°. Elisabeth Armynot, femme de Jacques *Scordet*, seigneur du Val, homme d'armes dans une compagnie d'ordonnance ;
5°. Philiberte-Agathe Armynot, mariée à noble François *Millot*, bailli de Saint-Bris.

VI. Auguste ARMYNOT, écuyer, seigneur de Préfontaine, de Vougrey, de Riel-Dessus et de Cussangy en partie, servit presque toujours dans les armées du Roi, soit comme volontaire, soit comme homme d'armes en diverses compagnies d'ordonnance, soit enfin en qualité de mousquetaire de la garde. Il comparut au ban, à Langres, le 1ᵉʳ août 1642 ; et, le 10 février 1649, il reçut des lettres de convocation pour se trouver à l'assemblée des trois ordres du bailliage de Langres, ce qu'il effectua le 3 mars suivant. Il fut maintenu dans sa noblesse par sentence du bailliage de Langres, du 16 février 1674. Il avait épousé, par contrat du 12 avril 1636, damoiselle Catherine DE CHALON, fille de Claude de Châlon, écuyer, seigneur de Lan-

de Chalon : écartelé, aux 1 et 4 de Rupt ; aux 2 et 3 d'azur, au lion d'or, lampassé, armé et couronné de gueules, qui est de l'Evesque ; sur le tout de gueules, à la bande d'or, qui est de Châtu.

---

(1) Cette famille du Bouchet est étrangère à la province de Champagne, et est très-bien alliée. Au moyen des deux mariages contractés, en 1603 et 1652, avec Claude et Susanne du Bouchet, par les chefs des branches de Préfontaine et du Châtelet, ces branches ont pu remonter leur ascendance maternelle dans les maisons de Chastenay-Lanty, de Rupt, de Gand et de Vienne. Les alliances de Châlon et de Neuvy ont procuré les mêmes affiliations.

dreville, de Riel-Dessus, de Vougrey, etc., et de Jeanne
l'Évesque. Il en eut un fils et deux filles :

 1°. Jean-Baptiste Armynot, seigneur de Préfontaine, de Vougrey, de Riel-Dessus, et de Cussangy en partie, mort célibataire ;
 2°. Renée-Bernarde Armynot, dame de Préfontaine, femme
  de Zacharie *du Wicquet*, écuyer, seigneur d'Olizy, en Champagne ;
 3°. Philiberte-Agathe Armynot, qui épousa, en 1671, au Château-
  Bouchet, en Périgord, Jacques *de Machat de Pompadour* (1),
  seigneur de la Méchaussée, fils de Henri de Machat de Pom-

---

(1) Le nom primitif de cette maison, une des plus anciennes et
des plus distinguées du Limosin, était *Jouffre*, orthographié quelquefois *Geoffre* et *Jauffre*, seigneurs de Chabrignac. Voici le juge-
ment qu'en porte M. Clairambault, généalogiste des ordres du Roi,
à l'occasion d'une alliance de cette maison avec celle de Bourdeille.
« Gui de Bourdeille, seigneur en partie dudit lieu, épousa Marie de
» Jauffre, qui se trouve mentionnée dans un codicille que son mari
» fit le mardi avant la fête de Saint-Barnabé, l'an 1317. Elle pouvait
» être issue d'une famille bien noble et bien alliée de ce nom de
» Jauffre, qui depuis a changé deux fois de nom, parce qu'en pre-
» mier lieu François de Machat, petit-fils de Marguerite de Noailles,
» qui se fit religieux et qui fut abbé de Saint-Serge d'Angers, donna
» son bien à Annet de Jauffre, son frère utérin, à condition de por-
» ter le nom et les armes *de Machat*, et ensuite François de Jauffre,
» *dit* de Machat, seigneur de la Coste, de la Méchaussée et de La-
» vaux, petit-fils de cet Annet, ayant épousé Françoise de Pompa-
» dour, leurs enfants devinrent héritiers des seigneurs de Château-
» Bouchet du nom de Pompadour, à condition de prendre le nom et
» les armes de Pompadour. »

Ne pouvant concilier le nom *d'Ornhac* (on prononce *d'Orignac*)
que les auteurs du *Gallia Christiana* donnent à François *de Machat*,
abbé de Saint-Serge, avec les armoiries de l'ancienne maison de
Machat, que les mêmes auteurs (MM. de Sainte-Marthe) assignent
à ce prélat, on avait pensé que celui-ci pouvait être *de Machat* du
côté paternel et *d'Ornhac* du côté maternel. Mais un grand nombre
de titres originaux, constatant l'existence de trois maisons de Machat, ils ne laissent plus aucune incertitude sur l'origine paternelle
et maternelle de l'abbé de Saint-Serge.

La *première maison* DE MACHAT est une branche présumée de la
maison de Ventadour. Elle s'est éteinte après l'année 1371, dans la
personne de Jeanne de Machat, laquelle n'a pas eu d'enfants de son
mariage avec Bertrand *de Chavagnac*, seigneur de Chavagnac et de
Cousage, en Auvergne. Jean de Machat, père de cette dame, ayant
prévu le cas où sa fille ne laisserait pas de postérité, avait appelé,
pour recueillir sa succession, Raimond *d'Ornhac*, son neveu, fils de

padour, sieur de Lavaux, et de Marguerite de Gacon. De ce
mariage est issue :
    Diane de Machat, *dite* de la Méchaussée, dame de Préfon-

---

Géraud, seigneur d'Ornhac, chevalier, et de Soubirane de Machat,
sœur de Jean.

Ce Raimond d'Ornhac ayant été astreint à prendre le nom et les
armes de Jean de Machat, son oncle, en acceptant sa succession, est
devenu le chef de la *seconde maison* DE MACHAT. Barthélemine *de Sco-
railles*, son épouse, le fit père de

Raimond *d'Ornhac*, II⁰ du nom, damoiseau, co-seigneur de Pescher, qui fut marié, 1° avec Jeanne *de Carbonnières*; 2° avec Marguerite *de Noailles*, laquelle est qualifiée veuve de lui en 1424. Ses
enfants furent :

Du premier lit :

1°. Jean d'Ornhac, seigneur du Pescher, qui, par le testament
de son père, du 4 août 1406, fut astreint à porter les nom et
armes *d'Ornhac* seulement, lesquels étaient ceux de sa propre
famille. Il eut pour femme Catherine *de Saint-Chamans*. Cette
dame devint héritière de sa maison après la mort de ses frères
et sœurs, et Gui d'Ornhac, son fils, en recueillant les biens
de sa mère, quitta le nom et les armes d'Ornhac pour prendre
ceux *de Saint-Chamans*, que sa postérité, connue sous les
noms de *marquis* et *comtes de Saint-Chamans*, porte encore de
nos jours (1);

Du second lit :

2°. Antoine d'Ornhac, *dit* de Machat, mort célibataire;
3°. Pierre d'Ornhac, *dit* de Machat, qui fut chevalier de l'ordre
de Saint-Jean de Jérusalem;
4°. Jean, dont on va parler.
Jean D'ORNHAC, *dit* DE MACHAT, fut, ainsi que ses deux frères Antoine et Pierre, substitué aux nom et armes *de Machat*, par le testament de leur père, du 4 août 1406. Il eut pour femme Blanche
Foucher de Sainte-Fortunade, d'une illustre maison de Limosin, et
pour fils unique François d'Ornhac, *dit* de Machat, qui, ayant re-
noncé au monde, se fit religieux de l'ordre de Saint-Benoît, et devint
abbé de Saint-Serge. Celui-ci, voyant sa mère veuve et assez jeune
encore pour se remarier et avoir des enfants, lui persuada de con-
voler à de secondes noces, et s'engagea, par acte du 13 septembre
1438, à instituer héritier de tous les biens de l'ancienne maison de
Machat, qu'il avait recueillis, le premier enfant mâle qui naîtrait de

---

(1) Les armoiries de la maison d'Ornhac étaient : *d'or, à 3 corbeaux
de sable*. Celles de Saint-Chamans sont : *de sinople, à 3 fasces d'argent; à l'engrêlure du même, mouvante du chef.*

taine, mariée avec Edme *de Champeaux*, seigneur de
Véroilles et de Jussey, qu'elle rendit père de :
Marie-Anne de Champeaux, alliée, en 1716, à Nicolas
Armynot du Châtelet, mariage qui a réuni la dernière
branche de la famille Armynot à la branche aînée.

---

cette seconde union. Blanche Foucher de Sainte-Fortunade, suivant
le conseil de son fils, prit pour deuxième époux Raoul ou Rouffot *de
Jouffre*, cadet de la maison de Chabrignac, qu'elle rendit père
d'Annet de Jouffre. Ce dernier, en vertu de la donation que lui avait
assurée l'abbé de Saint-Serge, son frère utérin, succéda aux biens,
nom et armes de la maison DE MACHAT, et devint l'auteur de la *troisième maison* de ce nom, laquelle existe encore dans la personne de
M. le comte de Machat de Pompadour, colonel d'infanterie, chevalier de l'ordre de Saint-Louis, établi à Exideuil, en Périgord, et
dans celle de M. le chevalier de Machat, aussi décoré de l'ordre de
Saint-Louis, lequel s'est allié avec une demoiselle *de Brachet*, de la
province de Limosin, maison qui a obtenu les honneurs de la cour
en 1773.

www.ingramcontent.com/pod-product-compliance
Lightning Source LLC
Chambersburg PA
CBHW072022290326
41934CB00011BA/2778